Н. А. Гурьева

ДЕТЯМ О САНКТ-ПЕТЕРБУРГЕ

Первое знакомство

Н. А. ГУРЬЕВА

ДЕТЯМ О САНКТ-ПЕТЕРБУРГЕ

ПЕРВОЕ ЗНАКОМСТВО

Санкт-Петербург
«Паритет»

УДК 373 + 908 + 947
ББК 74.102 + 26.891
Г95

Все права на данное издание принадлежат издательству «Паритет». Воспроизведение материала в любой его форме возможно только с письменного разрешения правообладателя. Попытки нарушения будут преследоваться по Закону РФ об авторском праве.

Рисунки
Е. Н. Павловой, Л. Б. Цендровской

Гурьева Н. А.

Г95 Детям о Санкт-Петербурге. Первое знакомство. — СПб. : «Паритет», 2018. — 112 с. : ил.

ISBN 978—5—93437—378—9

Книга приглашает юного читателя совершить увлекательное путешествие по Санкт-Петербургу. Читая ее самостоятельно или вместе со взрослым, ребенок познакомится с историей Санкт-Петербурга, символами города на Неве: ангелом на шпиле Петропавловской крепости, корабликом на шпиле Адмиралтейства, Медным всадником и другими достопримечательностями, шедеврами мирового значения.

Книга адресована детям и родителям.

УДК 373 + 908 + 947
ББК 74.102 + 26.891

© Н. А. Гурьева
© Е. Н. Павлова, иллюстрации
© Редакционная подготовка, оформление. Издательство «Паритет»

ISBN 978—5—93437—378—9

ДОРОГОЙ ДРУГ!

Ты живёшь в удивительном городе. Каждый человек, знакомясь с Санкт-Петербургом, замирает от восхищения перед его красотой. Достопримечательности такого красивого города никого не оставляют равнодушным! Петербург славится не только уникальными памятниками, но и многими замечательными зданиями.

Город на Неве создавался трудом русских и зарубежных художников, архитекторов, скульпторов. Для многих из них Петербург стал второй родиной. Город быстро рос благодаря труду первых строителей Петербурга.

Читая эту книгу, ты узнаешь, как строился город на невских берегах, какие архитекторы его создавали, какие в нём дворцы и храмы, дома и памятные места.

И, я уверена, ты ещё больше полюбишь Санкт-Петербург.

Автор

ПЁТР I

Город Санкт-Петербург основал царь Пётр I. Его отец — царь Алексей Михайлович — умер, когда Петру было почти 4 года. И пока царевич не вырос, за него правила сестра — царевна Софья.

С самого детства в распоряжении царевича находилось множество игрушек — деревянные лошадки, барабаны, пушки. Часто во дворец приглашали дворовых мальчишек, чтобы царевич не скучал.

Увлечение военным делом началось ещё с игрушечных пистолетов и пушек, луков и стрел. Позже им на смену пришли настоящие. Кроме игрушечных солдатиков, у юного Петра было «потешное войско». «Потешное» потому, что не настоящее. Оно состояло из мальчишек. Но ребята по-настоящему учились маршировать, строить преграды и брать их. Пётр рос, а вместе с ним росли мальчишки из «потешного войска». И когда Пётр вырос и стал царём, его «потешное вой-

ско» превратилось в самые лучшие Преображенский и Семёновский полки, а сверстники Петра стали его первыми полководцами и всегда были ему верной опорой.

В юные годы в подмосковном селе Измайлове Пётр нашёл старый ботик — небольшое судно с парусом. Пётр учился управлять ботиком на реке Яузе. Плавая на ботике, Пётр мечтал превратить Россию в морскую державу, обладающую большим количеством кораблей.

Пётр легко овладевал различными ремёслами, и в зрелые годы мог выполнять работу мастеров многих специальностей: он был плотником и каменщиком, кузнецом и штукатуром, кораблестроителем и сапожником. Ему был по силам любой труд, но больше всего его увлекало токарное дело. Здесь он мог соперничать с лучшими токарями.

Петру нравились те занятия, в которых он сам мог участвовать, и он оставался равнодушным, если ему отводилась роль зрителя или неподвижно сидящего участника.

Пётр окружил себя людьми, умевшими быть полезными делу. У одних он учился, других учил сам. Пётр умел извлекать уроки, доискивался до причин неуспеха и с удесятерённой энергией исправлял допущенные промахи. За границей Пётр знакомился с наукой, культурой и техникой. Он не только смотрел, но и тщательно изучал увиденное, производил записи и строил планы, как полюбившееся ему какое-либо новшество внедрить в России.

Царь Пётр много сделал для России: создал флот, построил новую столицу, ввёл новый календарь, основал школы и академии по примеру иностранных. При Петре в России начали издавать газеты и журналы. Пётр I был сильным и умным государем — хозяином и правителем России.

ОСНОВАНИЕ ПЕТЕРБУРГА

В начале XVIII века Россия занимала огромную территорию, но не имела удобного выхода к морю. Пётр I хотел, чтобы Россия стала морской державой. Чтобы открыть выход к морю, надо было освободить русские земли от иноземного владычества. Тогда Пётр приступил к созданию военного флота, состоявшего из крупных судов, вооружённых десятками пушек. Флот нуждался в командном составе, знающем военно-морское дело, и царь посылал за границу молодых дворян для изучения морского дела. Сам Пётр обучался в Англии и Голландии под фамилией Михайлов.

Между реками Охтой и Невой стояла шведская крепость Ниеншанц. После взятия Ниеншанца Пётр получил то, к чему стремился — выход к Балтийскому морю. Чтобы закрепиться на балтийских берегах, Пётр I решил построить на Заячьем острове новую крепость Санкт-Питербурх.

Пограничные крепости строили на островах или на вершинах холмов. Такое выгодное расположение делало крепости неприступными.

В то время территория, на которой позднее вырос прекрасный город, была низменной, болотистой местностью. Здесь было несколько селений, жители которых занимались рыболовством, охотой и земледелием.

Столица могучего государства должна быть многоэтажной, каменной, с прямыми широкими улицами, дворцами и портом. Но в России нет такого города. Нет? Значит, надо построить. А коли царь Пётр решил, значит, городу быть!

За 300 лет своего существования город несколько раз менял своё имя: с 1703 года он назывался Санкт-Петербург, в 1914 году его переименовали в Петроград, в 1924 году он стал Ленинградом, а в 1991 году ему было возвращено первоначальное название.

НЕВА. НАВОДНЕНИЯ

Нева — стремительная и полноводная река. При впадении в Финский залив Нева разбивается на несколько речек. Между ними находятся острова. Санкт-Петербург стоит на островах — их 42. Нева не разливается весной и не высыхает летом. Но Нева не всегда спокойно и плавно течёт. Осенью в Балтийском море образуется волна, которая движется к Финскому заливу и входит в Неву. А ведь Нева течёт навстречу, но волна и ураганный ветер с моря сильнее.

В такие дни объявляется штормовое предупреждение. Сильный ветер гонит воду обратно в Неву, она замедляет своё течение, выходит из берегов и затопляет набережные.

За 300 лет в Санкт-Петербурге произошло более трёхсот наводнений. Во время наводнений всегда отмечают подъём воды. Если вода поднимается на 160 сантиметров выше среднего уровня, то это счита-

НАВОДНЕНИЕ 1824 года

ется наводнением, если более 300 сантиметров, то наводнение может стать катастрофическим, вода может затопить некоторые улицы, нанести разрушения.

В наши дни есть хорошая защита от балтийских волн — дамба, перегораживающая Финский залив. Она спасает Петербург от наводнений.

Сильнейшее из наводнений произошло в 1824 году. Александр Сергеевич Пушкин, много лет живший в нашем городе, описал это наводнение в своей знаменитой поэме «Медный всадник».

ПЕТРОПАВЛОВСКАЯ КРЕПОСТЬ

Первым сооружением нового города стала Петропавловская крепость.

Об основании города существует такая легенда. Осматривая Заячий остров, Пётр I вырезал два куска дёрна, сложил их крестом и сказал: «Здесь быть городу». В это время над островом парил орёл.

Пётр, считая это счастливым предзнаменованием, срубил две тонкие берёзы и связал их верхушки. Таким образом он обозначил место для ворот будущей крепости.

Место для новой крепости выбрано удобное. Остров Заячий со всех сторон защищён водами реки Невы и протокой, которая огибает остров. Нева делится здесь на Большую и Малую Невку. Местность вокруг Заячьего острова открытая. Крепость не позволила бы кораблям незаметно проходить по Неве.

План крепости нарисовал сам Пётр I. Она повторяла очертания острова. По углам её предполагалось возвести шесть бастионов. Это выступающие из стены крепости укрепления, охраняющие её от врагов. Из бойниц можно было с любой стороны увидеть неприятеля и открыть по нему огонь. Бастионы должны были соединяться прямыми стенами, которые называются куртинами.

По этому плану деревянную крепость должны были построить в течение четырёх месяцев.

Крепость на Заячьем острове была заложена 27 мая 1703 года. Этот день считается днём рождения города. Первыми строителями крепости стали русские солдаты, местные жители и пленные шведы.

Берега Заячьего острова были укреплены деревянными срубами, заполненными землёй. На этом основании возводились земляные бастионы и стены крепости.

Бастионы были названы по именам сподвижников Петра, которые наблюдали за их сооружением: Государев (за его строительством следил сам царь), Нарышкин, Меншиков, Зотов, Трубецкой, Головкин. Бастионы позволяли вести прямой и боковой огонь по подступам к крепости.

В России такая система строительства применялась впервые. Главные крепостные ворота защищали треугольные укрепления — равелины, а в одном из бастионов сделали постройку для стрельбы — кавальер — в виде подковы. Если враг всё же проникнет в крепость, то в кавальере сможет укрыться весь гарнизон.

ПЕТРОПАВЛОВСКАЯ КРЕПОСТЬ

По указу Петра I со всей России прибыли рабочие люди для возведения крепости. Выстрел пушки крепости означал начало и конец работы. Строительство проходило в очень тяжёлых условиях, люди работали от зари до зари. Неделями рабочие не ели хлеба, питались капустой да репой. Многие умирали от голода и тяжёлой работы. Царь Пётр работал вместе со всеми. Он сам сделал тележку, в которой возил землю.

Когда основные земляные укрепления были построены, Пётр I устроил праздник для рабочих. Для всех участников строительства было приготовлено угощение, а в крепости зажгли маячный фонарь.

С северной стороны крепости, на другом берегу протока, построили кронверк — защитное сооружение в виде зигзагообразных рвов и валов.

Так как земляные валы являлись не очень грозной преградой, Пётр принял решение перестроить крепость в камне: заменить земляные валы крепости мощными кирпичными укреплениями. В день рождения Петра I состоялась церемония закладки каменной крепости. В память об этом торжественном событии была выбита медаль.

Строить каменное укрепление было поручено архитектору Доменико Трезини. Государь Пётр I внимательно следил за постройкой каменной крепости. Ведь для него крепость была не только защитой нового города, но и символом победы над врагом.

Высокие и широкие крепостные стены теперь стали двойными. Пространство между ними заполняли песком или щебнем. Внутри крепости были устроены казармы для солдат.

Вход на территорию крепости был оформлен парадно. Деревянные Петровские ворота, очень красивой резной работы, были украшены большой статуей Святого Петра с ключами в руке, фигурами ангелов с трубами, скульптурами, олицетворяющими Веру и Надежду.

Через 10 лет на месте деревянных ворот были поставлены каменные. Над аркой ворот помещён двуглавый орёл. Он держит в когтях скипетр и державу — символы царской власти. Ниши ворот украшают статуи, изображающие богинь мудрости и войны.

В крепости были возведены склады, Комендантский дом, гауптвахта (караульное помещение), Инженерный дом, в котором жили инженеры и строители.

Когда Пётр отогнал вражеский флот от города, крепость из оборонительного сооружения превратилась в место наказания, тюрьму. Из такой тюрьмы убежать заключённому было невозможно.

Первым политическим заключённым стал сын самого Петра I — царевич Алексей. Его воспитывали бояре, которым не нравились реформы неуёмного царя. Пётр мечтал увидеть в сыне продолжателя своих дел, а увидел врага.

С самого основания крепости на Неве появилась пристань. Сначала это были обычные деревянные мостки, идущие от крепостных ворот. Но со временем их заменили мостом с тремя спусками к воде. Здесь царь Пётр I любил устраивать церемонии после значительных событий.

На вечерней и утренней заре с Нарышкина бастиона Петропавловской крепости холостым зарядом била пушка, отмечая подъём и спуск флага. А ещё она извещала людей о наводнении.

Позднее ввели полуденный выстрел, и по нему узнавали время: ведь часы были не у всех. Затем полуденные выстрелы прекратились, а в канун празднования 250-летия Санкт-Петербурга давняя традиция была возрождена. И сейчас каждый день ровно в полдень раздаётся пушечный выстрел.

После окончания строительства в крепости заложили деревянную церковь во имя святых апостолов Петра и Павла. И назвали её Петропавловской, а вскоре и крепость стала называться Петропавловской.

Через десять лет на месте деревянной церкви началось строительство каменного собора. Постройкой руководил архитектор Д. Трезини. Главной деталью собора был острый шпиль колокольни. По повелению Петра I строительство собора началось с колокольни. Она была необходима как смотровая площадка, с которой можно было бы увидеть приближающегося неприятеля.

В соборе хранились экспонаты, рассказывающие о русской военной славе: знамёна, взятые при штурмах, военные трофеи, ключи от захваченных городов, пушки, щиты. Всё это сейчас хранится в музеях, а стены собора украшают копии тех знамён и штандартов. Но самое главное отличие от всех остальных храмов: Петропавловский собор — усыпальница русских царей и членов их семей.

Колокольня собора состоит из нескольких ярусов-этажей, украшенных завитками. А завершает её высокий шпиль, на вершине которого прикреплён круглый шар-яблоко, крест и флюгер в виде летящего ангела. На башне укреплены часы-куранты, привезённые из

Голландии. Флюгер поворачивается и указывает направление ветра.

Шпиль колокольни стал самой высокой (122,5 метров) точкой города. Так как вначале шпиль собора был деревянным, он часто страдал от штормовых ветров, несколько раз горел от удара молнии.

По проекту Антонио Ринальди был создан новый ангел, которого установили вертикально к кресту (прежний был расположен горизонтально). Во время сильной бури его сильно наклонило. Потребовался новый ремонт.

Русский крестьянин Пётр Телушкин взялся исправить повреждение. По верёвке он поднялся к кресту и закрепил верёвочную лестницу. На огромную высоту Телушкин поднимался каждый день полтора месяца. Когда работы были закончены, он был награждён деньгами и медалью.

В 1857 году по проекту инженера Дмитрия Журавского старый деревянный шпиль заменили на лёгкий металлический и установили громоотводы. Собор с тех пор больше не горел.

В начале Великой Отечественной войны шпиль был покрашен маскировочной краской, а ангела накрыли мешковиной, чтобы уберечь от обстрелов. После войны со шпиля была смыта маскировка, и он был заново вызолочен. В 1990-е годы ангела снова отреставрировали.

Первые часы на колокольне Петропавловского собора сделал русский мастер Никифор Архипов. Колокол отбивал время ежечасно. Следующие часы с курантами, голландские, поставили, когда строительство каменной колокольни ещё шло полным ходом. Но они погибли при пожаре. Сразу же в Голландии были заказаны новые. Они исполняли мелодии два раза в сутки.

После революции часовой механизм был повреждён, а к 250-летию города — заменён новым. И сейчас часы идут очень точно.

На площади рядом с собором находится Ботный домик, в котором хранился ботик Петра I. Ботик был перевезён из Москвы в Санкт-Петербург по поручению Петра I.

Ботик везли очень осторожно — только днём, а ночью стояли, на выбоинах дороги спускали его потихоньку. Везли ботик полтора года. Все суда Балтийского флота встречали ботик. Сам Пётр I стоял у руля. С бастионов Петропавловской крепости звучал оружейный салют. После торжеств царь приказал поставить ботик в Петропавловской крепости «на покой».

Это небольшое судно называют «Дедушкой русского флота». Сейчас сам ботик стоит в Военно-морском музее, а в Ботном домике — его точная копия.

БОТНЫЙ ДОМИК

Сначала над ботиком возвели специальный навес, а после построили Ботный домик. Ботик провёл в нём много лет. Затем его реставрировали. Несколько раз ремонтировали и сам домик: после наводнений и после попадания зажигательной бомбы во время войны.

По приказу Петра I из Москвы в Петропавловскую крепость перевели Монетный двор. Пётр решил, что золотые монеты необходимо делать в крепости, так как «монетное дело соблазнительное, а крепость — место самое охраняемое».

Условия труда были очень тяжёлыми. Работы производились под строгим контролем. Рабочие жили в кре-

постных казармах, чтобы не было возможности воровать драгоценные металлы.

Позднее для Монетного двора построили специальное здание. В нём установили паровые машины, первый в мире рычажный пресс для чеканки и станки для штамповки монет. На Монетном дворе чеканились серебряные и медные монеты, ордена и медали. Монетный двор продолжает работать и сейчас.

С 1924 года Петропавловская крепость стала музеем. На её территории находятся экспозиции и выставки Музея истории Петербурга, проводятся конкурсы ледяной и песчаной скульптуры.

ДОМИК ПЕТРА I

Новый город — величественный и строгий — строился и рос очень быстро. Берега Невы меняли свой облик буквально на глазах. Первые жилые городские постройки были совсем простыми.

На Берёзовом острове (сейчас он называется Петроградским), недалеко от Петропавловской крепости для Петра I был построен первый царский дворец. Он стал первым домом в Санкт-Петербурге. В конце мая 1703 года его построили солдаты-плотники Семёновского полка всего за три дня!

По преданию, сам Пётр I принимал участие в его строительстве. Через два дня после постройки Пётр I торжественно, под пушечные залпы, въехал в новое жилище. Дом был построен из сосновых брёвен, как обычная русская изба, из двух светлиц, разделённых сенями. Но всё же эту «избу» называли дворцом, «красными хоромами».

ДОМИК ПЕТРА I

Пётр I очень хотел, чтобы этот дом-дворец был таким же, как тот, в котором он жил в Голландии, когда работал там на верфи.

В Голландии в то время строили дома из кирпича. В России кирпич делать ещё не умели. Поэтому дом для Петра I построили из дерева, а затем бревенчатые стены обтесали и выкрасили под кирпич. Деревянную крышу тоже выкрасили — она стала похожа на черепичную. В центре крыши установили деревянную пушку, а по углам — деревянные ядра.

Для остекления окон в Домике Петра I использовали особое лунное стекло. Его можно было вырезать лишь небольшими квадратами. Такие стёкла были не совсем прозрачными, с разводами, поэтому окна освещали комнату мягким голубым светом, напоминающим лунный. На ночь окна закрывали ставнями. Две боковые створки ставней распахивались в стороны, а средняя створка поднималась вверх.

В первом дворце царь Пётр жил только летом, поэтому в нём не было печей. Потолки были невысокими, а двери — небольшими. Пётр I, входя в дом, наклонял голову. Несмотря на то, что царь был высокого роста, он любил небольшие помещения и низкие двери.

В Домике было всего две комнаты. В одной из них царь работал, а в другой — ел и спал. Стены в обеих комнатах были обиты белым холстом.

Пётр сам смастерил для себя простую мебель. Обстановка в доме была очень скромной, никакой роскоши: один стул с кожаной подушкой, два шкафа и два комода, скамейка.

Пётр I играл и в шашки, и в шахматы. Для него сделали специальный стол с шахматной доской на столешнице. И уже к этому столу Пётр сам сделал удобное кресло из грушевого дерева.

Пётр любил, чтобы вещи, которые его окружают, были не только красивыми, но и удобными, полезными. В Домике находились солнечные часы, циркуль, медная чернильница, подсвечник со свечой, походный сундук и курительная трубка.

В спальне стояла складная кровать, висело зеркало со свечой, отражающее свет. Здесь же были переносной фонарь, складная кровать, хранилась одежда.

Когда-то на Руси считали, что зеркало — это окно в иной, неведомый мир. Поэтому зеркала обычно делали со створками. А при Петре I зеркала стали использовать и как украшение дома. К тому же, в зеркалах отражалось пламя свечи, поэтому в комнате становилось светлее. Постепенно зеркала стали главным украшением дворцовых залов и парадных покоев.

Из Германии Петру I привезли рукомойник в виде шкафчика со сложной резьбой. Он находился в сенях Домика.

После того, как был построен Зимний дворец, Пётр I не жил в летнем Домике, хотя очень им дорожил. Для защиты от непогоды он приказал соорудить вокруг домика деревянную галерею, а к 20-летию города велел заменить её каменным футляром. Выполнил эту работу Доменико Трезини. Это первый памятник Петербурга, взятый по охрану. Ведь возведение в 1723 году каменного футляра можно считать первым случаем сохранения уникального здания для потомков.

Позднее рядом с Домиком Петра I были построены и другие деревянные дома, в которых жили приближённые царя: Александр Меншиков, Никита Зотов. Так в Петербурге возникла первая улица, а вслед за ней — первая площадь. В центре площади построили Троицкую церковь, которая и дала название площади.

В Санкт-Петербурге часто происходят наводнения. Так как Домик стоял очень близко к Неве, то во время наводнений каменный футляр и Домик Петра I подмывала вода. Поэтому низкий берег пришлось укрепить и подсыпать грунт. Со временем берег немного расширили, и Домик «отодвинулся» от реки.

Первый царский дворец не один раз реставрировали, ремонтировали и перестраивали каменный футляр. Но размеры самого Домика не менялись.

В 1852 году Домик Петра I был окружён чугунной оградой, а в 1875 году перед Домиком разбили сад и установили в нём бронзовый бюст Петра I. Набережную одели в гранит, а к своему 200-летнему юбилею она получила имя — Петровская набережная.

В 1930 году в Домике Петра I был открыт музей, посвящённый памяти основателя города и быту начала XVIII века. И вот уже много лет каждый желающий может посетить эту уникальную, единственную деревянную постройку, сохранившуюся с момента основания города.

Здесь можно увидеть не только предметы быта петровской эпохи, но и личные вещи самого царя Петра I, оттиск его руки.

Экспозиция музея рассказывает о победе России в Северной войне и об основании Санкт-Петербурга.

АДМИРАЛТЕЙСТВО

Одной Петропавловской крепости было недостаточно для того, чтобы защитить вход в Неву. Поэтому напротив Петропавловской крепости, на другом берегу Невы, возвели ещё одно укрепление — Адмиралтейство. При необходимости перекрёстный огонь пушек мог бы потопить любое вражеское судно, вошедшее в Неву.

Пётр I выбрал место для верфи, чтобы строить корабли. Верфь и крепость получили название Адмиралтейства.

Чертёж здания Адмиралтейства подготовил сам Пётр I. Оно было построено всего за два года. Берег Невы перед Адмиралтейством был сильно заболочен, и для его укрепления забили более двух тысяч свай.

Адмиралтейство было хорошо защищённой крепостью, окружённой рвом с водой, земляным валом и артиллерийскими орудиями.

Здания Адмиралтейства были выстроены в виде буквы «П». Они окружали с трёх сторон большой двор. Во дворе Адмиралтейства прорыли канал, на котором устроили стапели — сооружения для строительства кораблей.

Первый корабль, построенный в Адмиралтействе, — «Полтава». Корабль так назвали в честь победы России над Швецией в Полтавском сражении. На его борту были установлены 54 пушки. В строительстве корабля принимал личное участие Пётр I.

По берегу Невы проложили набережную, а во дворе Адмиралтейства построили дома. Посередине главного корпуса над проездными воротами по проекту Ивана Коробова построили башню, на верхушке которой был золочёный купол и шпиль с корабликом-флюгером. Этот кораблик был выполнен в виде первого русского военного корабля «Орёл», построенного во времена царя Алексея Михайловича, отца Петра I.

Позднее по проекту русского архитектора Андреяна Захарова Адмиралтейство было перестроено. При этом прежнее строение не было нарушено. Захаров оставил башню в новых стенах, но украсил её колоннадой — 28 колонн под общим перекрытием. Над каждой колонной — статуя. Они символизируют четыре времени года, ветры и земные стихии: огонь, воду, землю и воздух — то, что связано с мореплаванием. На четырёх углах основания башни восседают, как будто охраняя её, полководцы и герои древности: Александр Македонский, Пирр, Аякс и Ахилл.

По обеим сторонам Адмиралтейства расположены павильоны с флагштоками, их основания обвивают хвостами три дельфина. На третьем этаже павильонов были устроены смотровые площадки. Через круглое отверстие можно было наблюдать за судами, идущими по каналу, прорытому внутри Адмиралтейства вдоль его корпусов. Арки павильонов были перекинуты над каналом, который позволял судам проплыть внутри Адмиралтейства вдоль всего здания. Вдоль берега канала построили корпус, в котором находились мастерские. Позднее канал засыпали, отверстия в павильонах над каналом заложили. А перед главным фасадом здания появился Александровский сад.

Сейчас в здании Адмиралтейства учатся будущие офицеры Российского флота, а на башне с золотой адмиралтейской иглой плывёт по синему небу лёгкий воздушный кораблик — ещё один символ нашего города.

ПАРАДИЗ

В окружении Петра I новый город называли Парадизом. Слово «парадиз» на французском языке означает рай. Чтобы город было видно издалека, Пётр I приказал возводить высокие шпили, башни, колокольни.

Вокруг Домика Петра I начал формироваться центр города. На Петроградском острове строили жилые дома, административные и торговые здания. Тогда остров назывался Городским. Недалеко от стен Петропавловской крепости был устроен порт. Рядом с портом возникла первая площадь в городе — Троицкая.

Троицкая площадь соединялась с Петровскими воротами Петропавловской крепости подъёмным мостом. Здесь на торговой площади разместились склады и амбары. Здесь же появились первая типография, оружейный двор и городской рынок, прозванный Обжорным.

Первая Троицкая площадь была центром городской жизни: здесь проходили торжественные церемонии,

ТРОИЦКАЯ ПЛОЩАДЬ

устраивались маскарады, парады, гулянья. На Городском острове дома уже располагались улицами: Дворянские, Посадские, Пушкарские... В названиях улиц отразился принцип расселения по сословным и профессиональным группам. Рядом с крепостью берега острова застраивались домами знатных людей, в глубине острова размещались дома «посадских» — ремесленников и торговцев, а также казармы рабочих.

Пётр I хотел, чтобы новый город вознёсся к небу своим великолепием. Он приказал всем зажиточным людям не строить дома из дерева, а ставить каменные. Со всей России на берега Невы согнали каменщиков. Но вокруг Петербурга нужного камня не было. Пётр издал новый указ, чтобы любой, кто въезжает в город, привозил бы с собой: на судне — не меньше 10—30 камней больших, а в телегах — по 3 камня небольших. На заставах и пристанях камням вели счёт.

Славный строитель Доменико Трезини создал чертежи и рисунки домов, кому какие строить: кто победнее — из двух комнат с сенями, кто позажиточнее — тому попросторнее, для знатных — в два этажа.

Берег Городского острова был низким, часто затаплялся водами Невы. И Пётр I решил создать центр столицы на более высоком берегу — на Васильевском острове. Сам Пётр вместе с Трезини подготовили планировку острова. По проекту предполагалось проложить улицы-линии, а вдоль них прорыть каналы. Порт наметили устроить на восточной оконечности острова и весь остров обнести крепостными стенами.

Но освоение острова проходило очень трудно. Прорыли каналы, на каналах строили дома и дворцы. Но люди не хотели в них жить: эти дома были очень сырыми. Позже каналы засыпали, но улицы на Васильевском острове до сих пор так и называются линиями: одна сторона — чётная линия, другая сторона — нечётная.

На Васильевском острове по проекту Д. Трезини было построено здание Двенадцати коллегий для двенадцати правительственных учреждений (коллегий):

ЗДАНИЕ ДВЕНАДЦАТИ КОЛЛЕГИЙ

10 министерств, Сенат и Синод. Отдельные трёхэтажные здания одинаковой архитектуры объединялись в одно целое общей крышей. Вдоль второго этажа здания тянется самый длинный в России коридор (около 400 м).

Царский двор был переведён из Москвы в новый город. На берега Невы переместили царские резиденции, коллегии, а потом и министерства, посольства. Более 200 лет Санкт-Петербург был столицей России.

В 1918 году было принято решение перенести столицу государства обратно в Москву.

ЛЕТНИЙ САД

Всего через год после основания Санкт-Петербурга — в 1704 году — по указанию Петра I началось создание Летнего сада.

Это было невиданное диво для прежней России. Выбранный для сада участок земли был сильно заболочен. Чтобы осушить болото, прорыли канал, названный Лебяжьей канавкой. Берег Невы укрепили брёвнами. Так появился искусственный остров, на территории которого и расположен сейчас Летний сад. Он со всех сторон окружён водой — река Нева, река Мойка, река Фонтанка и Лебяжья канавка. Царь Пётр сам составил первый проект планировки сада и сам руководил его устройством. Был прорыт Поперечный канал, разделяющий Летний сад на три территории. Сейчас на месте прежнего канала проходит широкая аллея.

Первая территория сада предназначалась для высшего общества, там посадили деревья и цветы. В Пе-

тербург привозили разные деревья: липы, клёны, вязы, ели. В Летнем саду посадили дубы, которые укрепляли почву. Красивые, прямые аллеи делили сад на участки геометрической формы, в которых деревья и кустарники были подстрижены в форме кубов, шаров, пирамид. Из стриженой зелени делали лабиринты. В тени аллей в дни праздников для гостей накрывали столы, там проходили и танцы.

Для Летнего сада Пётр I выписывал тюльпаны из Голландии, розы из Германии, сирень из Гамбурга и цветы, «кои пахнут», из Москвы. Цветы высаживали рисунком, похожим на кружево, создавая сказочные живые ковры.

Пётр I полностью изменил быт своих подданных, которые в основном проводили время дома. Он настойчиво приучал их к европейским обычаям. Пётр издал указ об ассамблеях (балы, во время которых можно вести серьёзные разговоры и развлекаться). Подходящим местом для проведения ассамблей стал Летний сад.

Во времена царствования Петра I были очень популярны фейерверки. Их устраивали на различных праздниках и торжествах.

На второй территории Летнего сада построили каменную оранжерею, скульптурную мастерскую, теплицы, амбар. Здесь вырыли Карпиев пруд, в котором кроме карпов и рыб редких пород, плавали утки, гуси и лебеди. В саду стали выращивать яблоки, груши, вишню, смородину. На грядках сажали овощи, огородную зелень. Поэтому при Петре I Летний сад стали называть «царским огородом».

На третьей территории Летнего сада был устроен фруктовый сад с деревьями и грядки с овощами. В пяти прудах стали разводить живую рыбу для царского стола. В оранжереях садовник выращивал бананы и ананасы.

Особую роскошь саду придавали фонтаны. Их было более 60. На месте Кофейного домика тогда стоял Грот, внутри отделанный перламутром.

В Гроте был устроен большой фонтан и водяной орган. Когда фонтан включали, начинала играть тихая, нежная музыка.

Сады в то время обязательно украшали скульптурой. Первые статуи привезли из Италии. Мраморные статуи и бюсты расставили вдоль главных аллей. Скульптуры были не только украшением, но и учебными пособиями. Они были посвящены какой-нибудь теме или герою мифа. Под скульптурами поместили таблички с описанием изображённого античного бога, героя. Человек, гуляя по аллеям сада, пополнял свои знания, понимал смысл аллегорий и мораль басен.

Для царя Петра I, его жены Екатерины и их детей в Летнем саду был построен Летний дворец. Это единственное здание в Летнем саду, которое сохранилось с петровских времён. Двухэтажный каменный дворец построил известный архитектор Доменико Трезини. На крыше поместили флюгер в виде фигуры Георгия Победоносца.

Внутри дворца расположен длинный ряд комнат. Дворец украшают мраморные и паркетные полы, прекрасные печи, множество зеркал. Стены были обтянуты дорогой материей.

Внутренняя планировка обоих этажей одинакова. Наверху жила царица с детьми, а внизу — сам царь. Здесь же у него была мастерская. В ней стояли станки. Царь Пётр был мастер на все руки: пилил, строгал, ковал железо, точил на станке разные вещи из дерева и кости. Помогали ему другие мастера-умельцы.

В 1777 году во время сильного наводнения Летний сад практически был уничтожен, но вскоре его восстановили.

С трёх сторон дворец окружала вода, а с южной стороны была небольшая гавань, поэтому лодки могли причаливать прямо к дворцу. Позже гавань засыпали, а вокруг дворца и сада сделали искусственную набережную и одели её в гранит.

Со стороны Невы Летний сад украшает ограда, известная во всём мире. Гранитные столбы с вазами соединяет красивейшая чугунная решётка. Декоративные элементы решётки — кисти копий, розетки, орнамент, цветочные гирлянды — позолочены. Со стороны реки Мойки решётка Летнего сада сделана из щитов,

ЛЕТНИЙ ДВОРЕЦ ПЕТРА I

в середине которых изображено лицо горгоны Медузы с волосами из спутанных в клубок змей. Согласно мифу, древнегреческий герой Персей отрубил голову Медузы. Каждый, посмотревший на это чудовище, превращался в камень.

В Летнем саду построили Кофейный и Чайный домики. На берегу пруда у южных ворот Летнего сада много лет стоит огромная ваза — подарок шведского короля. Во время блокады Ленинграда даже после бомбёжек ваза осталась невредимой.

На одной из площадок Летнего сада установлен памятник Ивану Андреевичу Крылову. Великий русский автор басен изображён сидящим с раскрытой книгой в руках. Гранитный пьедестал памятника украшен горельефами на сюжеты известных басен. И. А. Крылов много лет прожил в Петербурге. Он служил в Публичной библиотеке, а в свободные часы любил гулять в Летнем саду. Здесь он встречался с А. С. Пушкиным и другими писателями. Сидя в тенистой аллее, Крылов сочинял свои басни.

Сейчас Летний сад — любимое место отдыха взрослых и детей.

СТРЕЛКА ВАСИЛЬЕВСКОГО ОСТРОВА

Васильевский остров начал застраиваться ещё в петровские времена. Стрелка Васильевского острова — мыс, где река делится на Большую и Малую Неву. Здесь соорудили портовые сооружения — биржу, таможню, склады, маяки.

Сюда на парусных судах прибывали купцы из разных стран. Они привозили заморские товары: чай, кофе, сахар, фрукты, дорогие украшения. А увозили из России хлеб и сало, лес и канаты, железо и паруса. Товары хранили на особых складах. На мачтах судов, стоящих в порту, развевались разноцветные флаги.

На берегу Невы толпился народ. Здесь можно было купить всё. Чтобы удобнее было договариваться о ценах, о покупке и продаже товаров, на Стрелке Васильевского острова построили особое здание — Биржу. Проект Биржи разработал французский архитектор Тома де Томон.

ЗДАНИЕ БИРЖИ

Величественное здание Биржи напоминает храм Древней Греции. Прямоугольное здание расположено на высокой каменной платформе. Со всех сторон Биржу окружают 44 колонны. Ко входу ведёт широкая лестница. Над главным входом в здание расположена скульптурная группа «Нептун с двумя реками». Она не только украшает фасад, но и символизирует значение этого места. Все скульптуры выполнены мастером Самсоном Сухановым из камня.

Перед этим зданием была сооружена полукруглая площадь. Для этого берег подсыпали и выдвинули в Неву на 100 метров. Зимой на огромной ледяной площади Невы устраивали гулянья, санные бега. В день Кре-

СТРЕЛКА ВАСИЛЬЕВСКОГО ОСТРОВА

СПУСК К НЕВЕ

щения (19 января) у проруби, в которой святили воду, собирались тысячи людей, а царь принимал парад полков, выстроенных на льду.

В здании Биржи до недавнего времени находился один из крупнейших морских музеев мира — Центральный военно-морской музей. В нём представлены модели парусных кораблей, броненосцев, подводных лодок. Основная экспозиция музея находится в Крюковских казармах на площади Труда.

По плану архитектора Тома де Томона у здания Биржи, ближе к воде, построили две колонны. Они воздвигнуты в честь морских побед российского флота. Колонны служили маяками для кораблей, идущих в порт. На вершинах колонн были установлены треножники с чашами, в которых горело масло.

На колоннах укреплены ростры — носы кораблей (поэтому и колонны называются Ростральными). У подножия колонн находятся скульптуры, символизирующие реки Неву, Волхов, Днепр и Волгу. Мастер С. Суханов по моделям скульпторов высек их из пудостского камня. Камень добывался у деревни Пудость, недалеко от Гатчины.

Ростральные колонны — один из символов нашего города. На площади перед Биржей часто проходят праздники и народные гулянья. В праздничные дни на Ростральных колоннах зажигаются яркие факелы.

От Ростральных колонн к Неве идут спуски, украшенные львиными масками, а у самой воды находятся знаменитые гранитные шары.

КУНСТКАМЕРА

При Петре I в Санкт-Петербурге был создан самый первый музей не только в столице России, но и самый первый в нашей стране — Кунсткамера. Она была основана в 1714 году по инициативе Петра I, а открыта в 1719 году.

Из-за границы Пётр I привозил модели кораблей и машин, приборы и инструменты, редкие книги, карты, глобусы, чучела животных, увеличительные стёкла, статуэтки, бубны шаманов и многое другое. Из поездок по России он привозил одежду и предметы быта различных народностей, золотые самородки и другие предметы.

Собрание редкостей Пётр I разместил в своём Летнем дворце, в специальном помещении, названном Кунсткамерой (от немецких слов «кунст» — искусство, «камер» — комната). Его также называли «Кабинетом редкостей» и «Палатой чудес».

Пётр I издал указ, чтобы жители России за вознаграждение приносили и сдавали всё, что было необыкновенно. Коллекция быстро росла, поэтому Пётр I решил создать доступный для всех музей. Для этого на Стрелке Васильевского острова было построено новое здание.

Здание Кунсткамеры состоит из двух трёхэтажных корпусов, соединённых высокой многоярусной башней. Верхняя башенка завершается куполом со стеклянным шаром для наблюдения за звёздами. Она была предназначена для первой русской обсерватории.

В башне установили Готторпский глобус. На наружной стороне этого замечательного глобуса изображена поверхность Земли, а на внутренней — карта звёздного неба. Внутри глобуса есть стол и скамья, на которой могут поместиться 10—12 человек.

В восточном корпусе Кунсткамеры размещается библиотека, в западном — музейные коллекции.

Коллекция Кунсткамеры постепенно становилась всё больше. Поэтому в 1830 году её разделили на четыре музея: Зоологический, Минералогический, Ботанический и Этнографический. Этнография — это наука о народах мира, их культуре и быте.

В настоящее время Кунсткамера — Музей антропологии и этнографии имени Петра Великого. Там хранятся и предметы петровской Кунсткамеры.

Кроме музея в здании Кунсткамеры долгие годы помещалась Российская Академия наук. Здесь много лет работал великий учёный — Михаил Василье-

вич Ломоносов (1711—1765). Он был первым русским учёным-естествоиспытателем мирового значения. Ломоносов — человек энциклопедических знаний, разносторонних интересов и способностей, один из основоположников физической химии, поэт, художник, историк.

Пётр I приучал русских людей ходить в музей. Существует предание, что посетителям давали бесплатное угощение. Сейчас и дети, и взрослые с интересом посещают Кунсткамеру, где размещён не один, а несколько музеев.

НЕВСКИЙ ПРОСПЕКТ

Чтобы доставлять материалы к строящимся в Адмиралтействе кораблям, был необходим короткий путь от верфи к старой Новгородской дороге, которая проходила вдоль современного Лиговского проспекта. Тогда и была прорублена просека, ставшая теперь Невским проспектом. Прокладывалась она одновременно с двух сторон. Длинная и широкая аллея соединила Адмиралтейство с Александро-Невским монастырём.

Здесь был главный въезд в город, и каждый приезжающий, видя вдали башню Адмиралтейства, понимал, что это не просто город, а морской порт. Из-за ошибки в расчётах прямая дорога в районе площади Восстания имеет излом.

Пётр I старался сделать новый город красивым, строгим, величественным. Он велел улицы города строить по заранее начерченным планам, чтобы они были ровные и прямые.

По проекту одного из первых архитекторов Санкт-Петербурга, Петра Михайловича Еропкина, от здания Адмиралтейства расходятся три улицы. Каждая улица имеет своё название: Вознесенский проспект, Невский проспект, Гороховая улица.

Главной улицей Санкт-Петербурга стал Невский проспект. Он тянется на четыре с половиной километра. На Невском проспекте сначала строили и красивые каменные дома, и простые деревянные. Вокруг домов устраивали большие сады. Позднее все деревянные дома заменили каменными, а дома стали строить сплошным фасадом.

Невский проспект получил своё название не по названию реки Невы, а благодаря монастырю (Александро-Невской лавре), который был построен в честь покровителя нашего города — святого Александра Невского.

Начинается проспект у Адмиралтейства, а заканчивается на площади Александра Невского. Невский проспект пересекает реку Мойку, канал Грибоедова и реку Фонтанку.

Вдоль широкого Невского проспекта знаменитые архитекторы строили дворцы, дома, сады, храмы. Дома и магазины принадлежали богатым людям.

К 1725 году многие улицы столицы были вымощены камнем. Обязанность мостить улицы выполняли сами жители. Камнем покрывали не середину улицы, а полосу в полтора-два метра шириной, примыкающую к домам, то есть тротуар.

Часть главного проспекта города за площадью Восстания называют «Старый Невский». Он заканчивается на площади Александра Невского. Это название возникло, когда к Александро-Невскому монастырю проложили новую трассу и назвали её новой Першпективной дорогой.

По вечерам на Невском проспекте стали зажигать фонари, заправленные конопляным маслом, у фонарных столбов устанавливали деревянные скамьи для прохожих. В 1863 году по Невскому проспекту была проложена конно-железная дорога (конка), а затем (в 1907 году) открылась трамвайная линия.

НЕВСКИЙ ПРОСПЕКТ

Шли годы, облик проспекта менялся, но Невский всегда оставался главным проспектом города. И в наши дни, выходя с Московского вокзала на Невский проспект, можно увидеть вдали башню и шпиль Адмиралтейства с золотым корабликом наверху — одним из символов Санкт-Петербурга.

Невский проспект стал не просто главной улицей города, не только деловым, но и культурным центром. Это улица известных театров и музеев, храмов и архитектурных памятников, магазинов и банков, жилых домов и уютных скверов. Невский проспект — это сердце Петербурга, его визитная карточка.

КАЗАНСКИЙ СОБОР

Самое величественное сооружение на Невском проспекте — Казанский собор. Раньше на этом месте стояла небольшая церковь, в которой хранилась икона Казанской Божией Матери. Именно для неё на месте разобранной старой церкви построили храм. Икона и дала название собору.

Казанский собор должен был стать украшением Невского проспекта и главным храмом столицы. Несколько архитекторов представили свои чертежи будущего собора, но лучшим был признан проект Андрея Никифоровича Воронихина.

Собор, построенный А. Н. Воронихиным, внешне не был похож на православный. Православные церкви чаще строили с пятью куполами, в Казанском соборе один купол. Нет у собора и колокольни. Воронихин поместил колокола в крыльях колоннады. Под фундамент было вбито свыше 18 000 свай. Кирпичные

КАЗАНСКИЙ СОБОР

стены здания облицованы пудостским камнем. Из него же вырезали все наружные барельефы и орнаменты, а также колонны.

Все работы в то время выполнялись вручную. На строительстве собора трудилось очень много рабочих — до 5 тысяч. В основном это были крепостные крестьяне. Строили храм 10 лет. Наверху купола установили маленькую башенку-фонарик, а на ней укрепили шар-яблоко и позолоченный крест.

Войти в храм можно с трёх сторон. У каждого входа с широкими ступенями установлено по 6 колонн. Колоннада собора состоит из 96 колонн, поставленных в четыре ряда. Колонны выполнены из известняка. Архитектор создал не только величественный собор.

Грандиозная колоннада образует площадь и связывает Казанский собор с Невским проспектом. Внутри собора — величественный зал, в котором гранитные колонны поддерживают огромный купол.

Заготавливали колонны под Выборгом, а потом на баржах доставляли в Петербург. Выгружали их около Адмиралтейства и с помощью катков везли к строящемуся храму. Изготавливали колонны в течение почти двух лет около трёхсот человек. Пол собора собирали мозаикой из камней разного цвета.

Казанский собор начали строить незадолго до Отечественной войны 1812 года. Тогда весь народ поднялся на защиту родины. Русскими войсками командовал великий полководец Михаил Илларионович Кутузов. Во время строительства Казанского собора он был военным губернатором Петербурга. Прославленного полководца М. И. Кутузова похоронили в Казанском соборе в 1813 году.

В соборе разместили военные трофеи русской армии: ключи взятых городов и крепостей, маршальские жезлы и знамёна побеждённых войск. Постепенно собор превратился в памятник воинским подвигам. В 1837 году, в 25-ю годовщину победы над войсками Наполеона, на площади перед собором поставили памятники полководцам, которые одержали победу в Отечественной войне 1812 года — Михаилу Илларионовичу Кутузову и Михаилу Богдановичу Барклаю-де-Толли. У ног полководцев лежат французские знамёна с переломленными древками.

С другой стороны Казанского собора разбит сквер. Его ажурная чугунная решётка, изготовленная по рисунку русского зодчего и живописца, А. Н. Воронихина, по праву считается одной из лучших в Петербурге. В центре сквера установлен гранитный фонтан.

ДОМ КНИГИ

На углу канала Грибоедова стоит красивое здание с башней, на верху которой помещён стеклянный глобус. Это — Дом книги. В нём расположен самый крупный в нашем городе книжный магазин.

Здание было построено по проекту архитектора Павла Юрьевича Сюзора.

Большой стеклянный глобус стал ещё одним символом Санкт-Петербурга, он заметен издалека. Огромный глобус поддерживают две скульптурные группы. Они символизируют мореплавание. На угловой части фасада помещены бронзовые фигуры валькирий — героинь скандинавских мифов.

Через огромные сверкающие окна-витрины видны стеллажи с книгами. Они привлекают и детей, и взрослых — петербуржцев и гостей города.

Здание было возведено в 1902—1904 годах для американской компании швейных машин «Зингер».

При его постройке впервые в Петербурге был применён металлический каркас.

Этот замечательный дом петербуржцы называют по-разному: Дом Зингера, Дом книги, Дом с шаром.

19 декабря 1919 года в этом здании открылся «Дом книги» — один из лучших книжных магазинов России. Для того, чтобы победить неграмотность, в течение первых двух лет работы магазина книги в нём раздавали бесплатно.

Прекрасный книжный магазин почти сто лет верно служит людям. В 2006 году «Дом книги» вновь открыл свои двери после реконструкции. Его знают не только взрослые и маленькие петербуржцы, но и многие гости нашего города. Это один из центров культурной жизни Санкт-Петербурга.

ГОСТИНЫЙ ДВОР

Когда-то на том месте, где сейчас расположено здание Большого Гостиного двора, росла берёзовая роща. Когда появился Невский проспект, купцы разместили здесь свои лавки и стали торговать всевозможными товарами. На Руси купцов издавна называли «гости» — отсюда и название.

Позднее неаккуратные и некрасивые лавки были снесены, а на их месте построили двухэтажный каменный дом по проекту знаменитого архитектора Жана-Батиста Мишеля Валлен-Деламота. Это здание состоит из четырёх корпусов, внутри которых есть большой квадратный двор.

Во дворе раньше купцы и хранили свои товары. А снаружи все четыре корпуса Гостиного двора окружают крытые галереи-линии.

Каждая линия имеет своё название: Невская, Перинная, Ломоносовская и Садовая. Названия линий уни-

ГОСТИНЫЙ ДВОР

вермага соответствуют названию улиц, вдоль которых они расположены. Ещё со времён Петра I существовал порядок — продавать тот или иной товар в специально для него отведённом месте — определённом ряду.

По галереям можно было переходить от одного продавца к другому, рассматривать товары и не бояться промокнуть под дождём или снегом.

Со стороны Невского проспекта перед галереей выложили тротуар, сделали газоны и высадили деревья.

Гостиный двор стал главным торговым центром города. Он занимает целый квартал. Протяжённость четырёх линий Гостиного двора составляет целый километр. Каких только товаров здесь нет!

АНИЧКОВ ДВОРЕЦ

Аничков дворец построен по проекту архитектора Михаила Григорьевича Земцова. Он находится на углу Невского проспекта и реки Фонтанки. Раньше это была настоящая загородная усадьба. В саду располагались павильоны, беседки, скульптуры. От реки Фонтанки к входу во дворец был прорыт канал. Позже его засыпали. На берегах канала построили две галереи-колоннады. В 1778 году архитектор Иван Егорович Старов перестроил дворец.

Во дворце устраивались балы и приёмы, в нём жили царствующие особы. В 1917—1935 годах во дворце располагался Музей города, затем здание было перестроено для дворца пионеров. Сейчас он называется Дворец творчества юных. В нём дети занимаются в кружках по интересам: танцами, музыкой, биологией, краеведением, спортом. Во дворце проводятся различные интересные выставки, концерты, праздники, ново-

АНИЧКОВ ДВОРЕЦ

годние представления. Это дворец увлекательных дел и весёлого отдыха.

Аничков дворец получил своё название по имени моста через Фонтанку, рядом с которым он расположен, а сам мост был назван по фамилии командира строительного батальона М. О. Аничкова.

Аничков мост — один из самых известных и красивых мостов нашего города. Сначала он был деревянным, его приходилось часто перестраивать и укреплять. Аничков мост находился на границе города. Здесь был шлагбаум, солдаты проверяли документы.

АНИЧКОВ МОСТ

В 1842 году мост построили на кирпичных сводах и облицевали розовым гранитом.

Но самое главное отличие Аничкова моста от всех других мостов Санкт-Петербурга — знаменитые кони Клодта. Скульптор Пётр Карлович Клодт создал четыре группы укротителей коней. Скульптуры разные, они показывают, как постепенно конь подчиняется человеку. «Укротители коней» приобрели такую известность, что скульптору пришлось сделать копии для Берлина и Неаполя. Аничков мост стал знаменитым и является одним из символов нашего города, которым гордятся жители.

АЛЕКСАНДРИНСКИЙ ТЕАТР

Старейший драматический театр в Санкт-Петербурге — Александринский. Он получил своё название по имени Александры Фёдоровны, жены императора Николая I, поэтому его часто называют Александринка.

Это величественное каменное здание построил архитектор Карл Иванович Росси.

Фасады театра выглядят торжественно и нарядно. На крыше расположена скульптурная группа: покровитель искусств бог Аполлон — юный сын верховного бога Зевса — управляет четвёркой лошадей, стоя во весь рост в колеснице. Он словно парит над площадью. В поднятой правой руке он держит лавровый венок, в левой — щипковый музыкальный инструмент с четырьмя струнами (кифару). Сильные кони так и рвутся вперёд.

В нишах театра помещены статуи музы танца Терпсихоры и музы трагедии Мельпомены. На противопо-

ложной стороне здания — статуи музы истории Клио и музы комедии Талии.

На сцене этого замечательного театра шли пьесы А. С. Пушкина, А. С. Грибоедова, А. Н. Островского, Л. Н. Толстого.

Перед Александринским театром, на площади, разбит сквер, в центре которого в 1873 году был установлен памятник Екатерине II. Памятник выполнен по рисунку художника Михаила Осиповича Микешина.

На высоком постаменте стоит величественная императрица. В правой руке она держит скипетр, в левой — лавровый венок. У ног Екатерины лежит корона.

Бронзовая императрица окружена скульптурными портретами выдающихся людей её времени: полководцы А. В. Суворов, П. А. Румянцев, А. Г. Орлов, просветитель И. И. Бецкой, княгиня Е. Р. Дашкова, поэт

Г. Р. Державин, канцлер А. А. Безбородко, государственные деятели Г. А. Потёмкин и В. Я. Чичагов.

Вокруг памятника установлены фонари. При установке памятника в фундамент в специальном ящичке были замурованы образцы золотых и серебряных монет и медалей. Сквер, где был установлен памятник, назвали Екатерининским.

Перед сквером, на Невском проспекте, всегда можно увидеть художников, которые могут выполнить ваш портрет.

ИСААКИЕВСКИЙ СОБОР

Пётр I родился в день святого Исаакия Далматского (30 мая по старому стилю). В честь этого святого, своего покровителя, в 1710 году Пётр выстроил деревянную Исаакиевскую церковь. В этой церкви в 1712 году Пётр I венчался с Екатериной.

Строение быстро обветшало, и в 1717 году заложили новую церковь на том месте, где сейчас возвышается Медный всадник. Это была вторая Исаакиевская церковь. Её построили из камня, она напоминала Петропавловский собор. Но берег Невы ещё не был укреплён гранитом, и грунт под церковью стал оседать, появились трещины, а в 1735 году она сильно пострадала при пожаре. Церковь разобрали.

В 1768 году в центре площади начали строить третью по счёту Исаакиевскую церковь по проекту архитектора Антонио Ринальди. Церковь достраивали в спешке, и поэтому она тоже скоро начала разрушать-

ДЕРЕВЯННАЯ ИСААКИЕВСКАЯ ЦЕРКОВЬ

ся. В 1818 году начали строить новый собор. Автором проекта стал молодой архитектор из Франции Огюст Монферран. Он украсил храм колоннами. Строили собор очень долго — 40 лет, с частыми остановками.

Собор поражает своим величием. В основание фундамента при строительстве забили более 10 тысяч просмолённых свай. Через 3 года началась установ-

ИСААКИЕВСКИЙ СОБОР

ка колонн. Стены возводили после того, как со всех четырёх сторон были поставлены гранитные колонны. Для колонн выламывались огромные гранитные блоки. Их привозили в Санкт-Петербург на специальных судах.

На самом верху металлического купола собора находится маленькая башня-фонарик с шаром-яблоком и крестом. Над кровлей собора по сторонам от купола возвышаются 4 колокольни с открытыми звонами и малыми золочёными куполами. На углах здания расположены ангелы со светильниками.

Необычное впечатление производит главный иконостас, сверкающий яркими красками мозаик. Колонны иконостаса облицованы малахитом и лазуритом.

Собор снаружи украшен скульптурами, а внутри — картинами известных художников и мозаичными работами из смальты (кусочков цветного стекла).

Золочёный купол Исаакиевского собора был виден за десятки километров. Поэтому во время Великой Отечественной войны его покрасили в серый камуфляжный цвет.

После открытия и освящения собор стал главным храмом столицы. В 1931 году Исаакиевский собор был превращён в музей. Сейчас он используется и как музей, и как храм. С его верхней смотровой площадки можно полюбоваться панорамой города.

Исаакиевский собор — одно из самых больших купольных зданий в мире и второе по высоте архитектурное сооружение в Петербурге.

МЕДНЫЙ ВСАДНИК

Екатерина II поручила русскому посланнику в Париже Дмитрию Голицыну найти скульптора, способного создать монумент, достойный Петра I. Голицын остановил свой выбор на французском скульпторе Этьенне Фальконе.

Фальконе приехал в Петербург в 1766 году уже с готовым проектом памятника Петру I. Скульптор задумал изобразить Петра I не как великого полководца и победителя, он хотел показать личность созидателя, законодателя и благодетеля своей страны.

Скульптору оборудовали мастерскую, и началась работа. Разработка модели памятника заняла целый год. Голову Петра I Фальконе поручил вылепить своей ученице Мари Анн Колло.

Фальконе создал для всадника «свою» одежду. «Костюм Петра, — говорил скульптор, — одежда всех народов, всех людей, всех времён — одним словом, костюм героический». По замыслу Фальконе царь не держит в руках символ власти — жезл, он простирает руку над своим городом, своей страной. Лавровый венок на голове Петра — традиционный символ славы. Мощная бронзовая фигура всадника, осадившего и вздёрнувшего на дыбы скачущего коня, полна героического пафоса; стремительный порыв сочетается с торжественным величием.

Второй компонент памятника — конь. Во дворе мастерской скульптора построили помост, на который взлетали лучшие наездники на лучших скакунах из царских конюшен. Фальконе их старательно зарисовывал.

Скульптор мечтал, чтобы пьедесталом памятника стала скала, камень-великан. Подходящую скалу долго не могли найти. Однажды крестьянин Семён Вишняков сообщил, что недалеко от Петербурга есть такой камень, называется он «Гром-камень». На камне была глубокая трещина, по преданию, от удара молнии.

Для того, чтобы доставить эту огромную глыбу к Финскому заливу, прорубили просеку и проложили по ней широкую дорогу. За сутки продвигались всего на 10 метров. Несколько сотен человек тянули камень к воде. Там его погрузили на баржу и с помощью двух буксиров доставили на место.

Работы по обработке монолита начались ещё в пути, а затем уже велись на месте. Монолиту придали форму скалы.

В честь этого события была выпущена золотая медаль с надписью «Дерзновению подобно».

ПЕРЕВОЗКА ГРОМ-КАМНЯ

Императрица повелела поставить памятник у Невы на месте старой Исаакиевской церкви. На Сенатской площади развернулось строительство литейного дома, в котором и должна была родиться статуя. Литейщиков найти не удалось. Фальконе взялся за отливку сам.

Вместе с авторами монумента всегда называют мастера по отливке пушек Емельяна Хайлова, который помогал Фальконе во время отливки «Медного всадника». Работа длилась почти три года. Однажды труба, по которой тёк расплавленный металл, лопнула, бронза начала разливаться и возник пожар. Хайлов не растерялся и сумел заткнуть образовавшуюся трещину. Позже отливка была доведена до конца.

ОТКРЫТИЕ ПАМЯТНИКА ПЕТРУ I

У памятника было три точки опоры: задние ноги коня и змея. Змею вылепил скульптор Фёдор Гордеев.

Монумент открыли 7 августа 1782 года. Это был первый скульптурный памятник в России.

На пьедестале Медного всадника бронзовыми буквами выложена надпись: «Петру Первому Екатерина Вторая. Лета 1782». На другой стороне пьедестала эти слова написаны на латинском языке. Этой надписью Екатерина II как бы подчёркивала, что она является наследницей и продолжательницей замыслов Петра I.

Открытие монумента было многолюдным, с музыкой, барабанным боем, пальбой из пушек и подъёмом флагов на кораблях. Но на торжестве не было человека, чьим трудом и талантом был создан монумент. Фальконе покинул Петербург.

Позже были поставлены другие памятники Петру I, но ни один из них не мог сравниться с Медным всадником. В годы Великой Отечественной войны Медный всадник укрывали. Нельзя было оставить его открытым, когда вокруг рвались бомбы. Памятник одели в крепкую опалубку из досок и засыпали песком. А когда в Ленинград пришла Победа, Медный всадник снова вознёсся над Невой.

Этот замечательный памятник является одним из символов Санкт-Петербурга. «Медным всадником» памятник Петру I назвал в своей поэме Александр Сергеевич Пушкин.

«СПАС НА КРОВИ»
(Храм Воскресения Христова)

Храм Воскресения Христова хорошо виден с Невского проспекта — от Дома книги или от Казанского собора. Этот нарядный собор словно появился из русской сказки. Его яркие красочные купола сверкают на солнце золотом и разноцветной эмалью.

Храм построен на том месте, где 1 марта 1881 года бомбой террориста был смертельно ранен император Александр II — царь-реформатор. Поэтому у храма есть и второе название — «Спас на Крови».

Вначале на месте покушения архитектор Леонтий Николаевич Бенуа возвёл часовню. А затем было решено вместо временной часовни построить храм-памятник. Авторы проекта храма — настоятель Троице-Сергиевой пустыни архимандрит Игнатий и архитектор Альфред Парланд.

Строили прекрасный храм в русском стиле более двадцати лет — с 1883 по 1907 год. Пожелание выпол-

нить собор в традициях древнерусского зодчества высказал император Александр III.

Для того, чтобы место ранения императора Александра II находилось в стенах храма, его пришлось строить на самой кромке набережной. Для колокольни храма сделали специальный выступ, который выдвинули в русло канала на 8 метров. Здесь предполагалось построить мост, который так и не был сооружён. На колокольне собора с трёх сторон из мозаики выложены гербы городов и губерний России.

Место, где пролилась кровь царя, занимает в интерьере храма особое место. Здесь сохранены часть решётки Екатерининского канала (прежнее название канала Грибоедова) и камни булыжной мостовой, на которую упал смертельно раненный император. На месте трагедии поставили четыре колонны, которые поддерживают навес с крестом из горного хрусталя. Окружает навес кованая ажурная решётка.

Снаружи стены храма украшены керамической плиткой и мозаикой из смальты. На стенах храма помещены памятные доски из мрамора, рассказывающие о важнейших событиях царствования Александра II, о его добрых делах.

Мозаики интерьеров и фасадов выполнены по эскизам известных русских художников — А. В. Нестерова, А. П. Рябушкина, В. М. Васнецова. Под куполами находятся картины из мозаики на евангельские сюжеты по рисункам Васнецова. Потолок, стены и столбы внутри собора украшены итальянским мрамором, русскими самоцветами и мозаикой. Мозаика изображает многих святых, а на потолке в центре — Иисус Христос. Пол храма выложен разноцветными мраморными плитками.

Мозаичные украшения являются главной художественной особенностью Храма Воскресения Христова. Это единственное в нашей стране собрание произведений русского мозаичного искусства.

Полукруглая ограда из кованых звеньев отделяет храм и часовню от Михайловского сада.

После революции 1917 года храм долгое время использовался как склад, в годы Великой Отечественной войны он сильно пострадал. Затем много лет шла реставрация замечательного храма-памятника. В настоящее время — это храм-музей, открытый для посещения.

МАРСОВО ПОЛЕ

Рядом с Летним садом находится самая большая площадь Санкт-Петербурга. Сейчас она называется Марсово поле. При Петре I поле называлось Потешным. На нём проводились строевые занятия воинских частей, а в праздничные дни зажигали фейерверки — потешные огни. Затем поле стали называть Большой луг. А позже, когда за рекой Мойкой был построен дворец Екатерины I, его назвали Царицын луг.

В 1740 году здесь был устроен прогулочный сад, который получил название Променад, что в переводе с французского языка означает «прогулка».

Три широкие аллеи шли от реки Мойки до Невы, а три дорожки — поперёк аллей. На аллеях и дорожках, обсаженных липами и подстриженными кустами, стояли беседки. В них висели клетки с певчими птицами. Но сильное наводнение 1777 года, сопровождавшееся бурей, уничтожило весь прогулочный сад.

МАРСОВО ПОЛЕ

А потом Царицын луг, на котором постоянно стали проводить военные парады и смотры гвардейских полков, был назван Марсовым полем в честь древнеримского бога войны Марса. Ещё и в XIX веке здесь проходили военные парады.

Почти двести лет на Марсовом поле устраивали народные гулянья с каруселями, шарманками, состязаниями, выступлениями акробатов.

Марсово поле — не только одна из площадей города. В 1920-х годах в центре Марсова поля в братских могилах были похоронены герои, погибшие в годы гражданской войны и революции. Мемориальное сооружение, ограждающее братские могилы, создал архитектор Иван Фомин. На стенах, выложенных из гранита, высечены надписи, прославляющие величие подвига революционеров. На одной из надписей есть такие слова: «Всем им в память и честь этот камень на веки поставлен».

В центре на массивной гранитной плите указаны имена погибших героев. В 1957 году на Марсовом поле был зажжён первый в нашей стране вечный огонь. От него 10 лет спустя зажгли факел и торжественно доставили его в Москву, к могиле Неизвестного солдата.

Зелень газонов и кустарников, цветы подчёркивают простор площади, где единственным возвышением стал памятник борцам революции. Жители города превратили Марсово поле в прекрасный благоустроенный сквер.

Часть Марсова поля у Троицкого моста называется Суворовской площадью. В центре её — отлитый в бронзе памятник великому русскому полководцу Александру Васильевичу Суворову в виде бога войны Марса — молодого, сильного воина в стальных рыцарских доспехах, стоящего на высоком круглом пьедестале из розового гранита. У него нет портретного сходства с Суворовым. Создал памятник скульптор Михаил Иванович Козловский. Правая рука скульптуры решительно сжимает обнажённый меч — символ надёжной охраны Родины от врагов.

В детстве Александр Васильевич был маленьким, худеньким, но всегда хотел стать героем. Он закалял-

ПАМЯТНИК А. В. СУВОРОВУ

ся, занимался физкультурой, обливался по утрам холодной водой. А когда пошёл на службу, в походах ел с солдатами из одного котла. Суворов называл своих солдат «чудо-богатырями». Солдаты очень любили и уважали Суворова и шли за ним всюду. Суворов одержал много побед. Он был гениальным русским полководцем.

М. И. Козловский показал в этом памятнике непобедимость, отвагу, решительность и мудрость Суворова.

Памятник А. В. Суворову был открыт 5 мая 1801 года, в годовщину смерти полководца.

В дни вражеской блокады жители города укрыли все скульптурные произведения города, а памятник Суворову оставили открытым. И каждый раз, когда мимо него проходили войска, направляясь на передовые рубежи, бойцы замедляли шаг и отдавали почести славному полководцу.

В настоящее время Марсово поле служит не только местом отдыха горожан. В памятные дни к монументу возлагают цветы.

ЗИМНИЙ ДВОРЕЦ

За многолетнюю историю в Санкт-Петербурге существовало несколько зимних императорских дворцов. Они росли вместе с городом, превращаясь из небольшого деревянного дома в огромный дворцовый комплекс.

В 1711 году архитектор Доменико Трезини построил для Петра I и его семьи зимний дом. Это был каменный двухэтажный дом с черепичной крышей. Рядом с ним прорыли канал, который позднее стал называться Зимней канавкой.

Первый Зимний дворец Петра I был слишком мал. Второй Зимний дворец строили по проекту Георга Иоганна Маттарнови. Особой пышностью царский дворец не отличался. В нём Пётр I прожил последние годы.

По распоряжению Екатерины I в 1726 году Трезини перестроил и расширил старый дворец. Он не сохранился. Сейчас на этом месте стоит Эрмитажный театр.

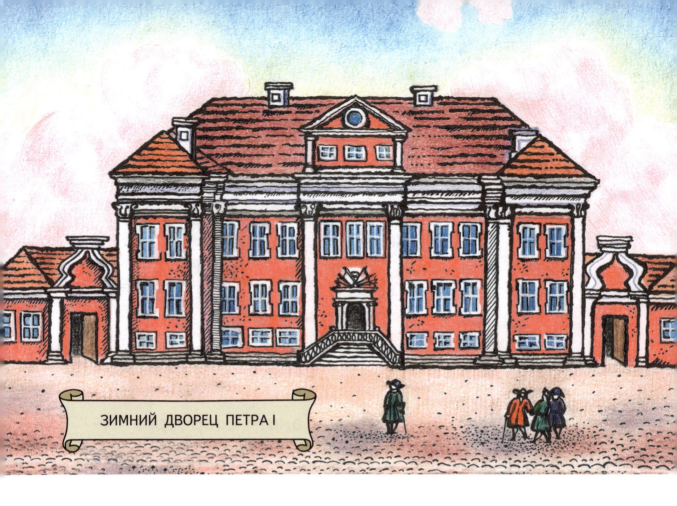

ЗИМНИЙ ДВОРЕЦ ПЕТРА I

При императрице Анне Иоанновне архитектор Франческо Бартоломео Растрелли ещё раз перестроил дворец. Он был значительно больше предыдущих. В здании появились новые корпуса, которые были оформлены в едином стиле. Затем для царской семьи был построен четвёртый Зимний дворец, временный. А в это время шло строительство пятого Зимнего дворца, который существует сейчас.

На строительстве дворца работали 3000 солдат и 100 солдатских детей для обучения у разных мастеров. Стены дворца покрывали позолотой, а строители не получали денег за работу, только еду. Многие умирали от голода, рабочие жили в шалашах.

Императрица Елизавета умерла, не дождавшись окончания строительства.

Новый император — Пётр III — в 1762 году не смог въехать во дворец: площадь перед дворцом загромождали горы мусора, осколки кирпичей и камней, брёвна и доски. Выход нашёл один из царских вельмож. Петербуржцам разрешили брать с площади, кому что понравится. Через несколько часов от этого хлама не осталось ни брёвнышка, ни дощечки, ни камня.

Пётр III въехал во дворец, но прожил в нём недолго. На троне его сменила супруга Екатерина II.

Дворец был великолепен! В новом здании было 3 этажа, 1057 комнат, 117 лестниц, 1786 дверей, 1945 окон. На каждом этаже окна были разными по размеру. Вокруг окон — затейливые лепные украшения: завитки, листики, розетки. Главный карниз, окаймлявший здание, протянулся почти на 2 километра. А на парапете крыши было установлено 176 скульптурных фигур, чередующихся с вазами. Сделаны они были из пудостского камня.

Внутри дворца парадная Иорданская лестница ведёт в Большой Тронный зал (сейчас он называется Георгиевским). Каждый зал дворца великолепен по-своему, у каждого из них своя история.

Георгиевский зал получил своё название в честь святого Георгия Победоносца. В этом зале стоял царский трон, а над ним помещён барельеф Георгия Победоносца. Рядом с Георгиевским залом в 1826 году по проекту Карла Росси построили военную галерею

ПАРАДНАЯ ЛЕСТНИЦА ЗИМНЕГО ДВОРЦА
Художник К. Ухтомский

ПОЖАР В ЗИМНЕМ ДВОРЦЕ
Художник Б. Грин

в честь героев Отечественной войны 1812 года. Для неё английский художник Джордж Доу с помощью русских живописцев написал более 300 портретов.

В 1837 году во дворце возник пожар. Трещали карнизы и потолки. По залам и галереям метался огонь. Спасать дворец кинулись солдаты Преображенского и Павловского полков, моряки. Сквозь огонь и дым выносили они мебель, картины, книги, ковры... Солдаты погибали в огне. В одном из залов рухнувший потолок придавил целый взвод. От Зимнего дворца остались лишь голые закопчённые стены, исковерканное железо и горы мусора. Внутренняя отделка дворца была полностью уничтожена.

По проекту русских архитекторов Василия Петровича Стасова и Александра Павловича Брюллова дворец восстановили всего за два года. Строители работали в тяжёлых условиях. На улице стояли суровые морозы. Снаружи дворцу вернули первоначальный вид, но большинство интерьеров отделали заново.

В Зимнем дворце русские цари и царицы жили зимой. Здесь издавались указы, проходили встречи с послами из других стран. Богатых и знатных горожан приглашали во дворец на балы и праздники. Сейчас Зимний дворец и Эрмитаж составляют единое целое. Название «Эрмитаж» произошло от французского слова, означающего уединение. Екатерина II любила часы своего отдыха проводить там.

При Екатерине II русские послы в разных странах Европы следили за распродажами, аукционами, покупали картины, скульптуры, а то, что удалось приобрести — немедленно отсылали в Петербург. Первой прибыла в 1764 году из Берлина огромная коллекция картин голландских и фламандских художников. Она-то и положила начало собраниям Эрмитажа. Вскоре к ней прибавились полотна знатнейших мастеров живописи: Рембрандта, Рубенса, Тициана. Появились во дворце живописные полотна, античные статуи, резные камни, фарфоровые сервизы...

Дворцовые покои стали тесны для такой огромной коллекции. Для неё стали строить новые здания. Сейчас в дворцовый комплекс входят пять зданий, соединённых висячими переходами: Зимний дворец, Малый

Эрмитаж, Старый Эрмитаж, Новый Эрмитаж и Эрмитажный театр.

Последним из зданий был построен Новый Эрмитаж. Его подъезд украсили 10 гигантских атлантов, высеченных из гранита скульптором Александром Ивановичем Теребеневым. Под его руководством в 1844 году 150 лучших каменотёсов 3 года по моделям из глины изготавливали гигантские фигуры. Кажется, что атланты держат не балкон Нового Эрмитажа, а низкое петербургское небо. Согласно мифу, атлант-великан в наказание за борьбу с богами был приговорён вечно поддерживать на плечах небесный свод. В музее собраны величайшие произведения искусства — картины, скульптуры, гобелены. Здесь представлена вся история мировой культуры — от Древнего Египта до живописных шедевров XX века. Не было только посетителей. Для народа двери этого музея много лет были плотно закрыты.

Сейчас Эрмитаж стал одним из лучших музеев мира. Коллекции Эрмитажа размещаются не только в дворцовом комплексе из пяти зданий, но и в Меншиковском дворце и здании Главного штаба. Если осматривать все экспонаты, то путешествие по залам, галереям и лестницам составит 22 километра. И если ежедневно проводить в Эрмитаже по 8 часов и возле каждого экспоната останавливаться всего лишь на 1 минуту, то на осмотр всех собраний музея понадобится 11 лет. Среди музеев мира мало таких, где коллекции по ценности, богатству и разнообразию могли бы сравниться с сокровищами Эрмитажа. Государственный Эрмитаж — это не только один из крупнейших художественных музеев мира, не просто картинная галерея или музей искусств, это музей художественной культуры всего человечества.

Коллекции Эрмитажа продолжают пополняться. Очень часто в нём устраивают выставки экспонатов, привезённых из других музеев мира. Эрмитаж никак не назовёшь «местом уединения». Каждый день сюда приходят тысячи посетителей. Петербуржцы, жители России и гости из самых разных стран с восхищением осматривают удивительные коллекции.

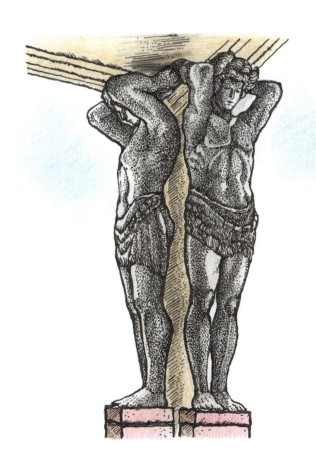

ДВОРЦОВАЯ ПЛОЩАДЬ

Главная площадь Санкт-Петербурга — Дворцовая.

Когда-то рядом с Зимним дворцом был зелёный луг, на нём водились зайцы. Императрица Анна Иоанновна любила стрелять по ним из окон. Она требовала, чтобы на самом лугу зайцев никто не ловил. Во дворце у многих окон стояли заряженные ружья, из которых императрица стреляла по зайцам.

Позднее площадь перед Зимним дворцом была расчищена и застроена домами, расположенными полукругом. В 1819—1829 годах русский архитектор Карл Иванович Росси объединил постройки на площади и возвёл грандиозное здание. Оно состоит из двух корпусов, соединённых величественной триумфальной аркой.

В западном корпусе этого здания размещался Главный штаб и другие военные учреждения, в восточном — два министерства: иностранных дел и финансов.

Корпуса здания, похожие на крылья, обрамляют Дворцовую площадь. Их фасады украшены величественными портиками. Они придают площади особую торжественность. Через триумфальную арку с Дворцовой площади можно пройти на Невский проспект.

Арка Главного штаба создавалась как памятник торжества победы России в Отечественной войне 1812 года. Высота арки — 28 метров. Она украшена декоративными скульптурами, боевыми доспехами. На верху арки — триумфальная колесница, запряжённая шестёркой лошадей. Воины в римских шлемах ведут их под уздцы. В колеснице стоит богиня Победы — Ника. Она держит в руках венок, протягивает его вперёд, словно венчает Зимний дворец.

Здание Главного штаба было построено на 70 лет позднее Зимнего дворца. Но вместе они составили удивительный по красоте архитектурный ансамбль.

В центре Дворцовой площади возвышается Александровская колонна. Это величайший в мире гранитный монолит. Колонна построена по проекту Огюста Монферрана, создавшего Исаакиевский собор. Этот памятник воздвигнут в честь победы России над армией Наполеона. Колонна получила своё название в честь императора Александра I.

Огромный монолит из красного гранита добыли в каменоломне недалеко от города Выборга. Обтёсанную колонну весом 600 тонн по настилам скатили к берегу Финского залива и доставили в Петербург на специальной барже.

Под основание памятника было забито 1250 сосновых свай, поверх которых положили гранитные блоки. Колонна высотой 25,5 метров (диаметр 3,6 метров) никак не закреплена и сохраняет устойчивость только благодаря своему огромному весу.

Александровская колонна — самая высокая в мире триумфальная колонна — была открыта в 1834 году, во время правления императора Николая I. На вершине колонны помещена бронзовая фигура ангела, попирающего крестом змею. Это символ победы добра над злом. Общая высота памятника 47,5 метров.

На гранях высокого пьедестала размещены четыре бронзовых барельефа, украшенных аллегорическими фигурами.

В 1876 году около колонны были установлены декоративные фонари.

Дворцовая площадь имеет выход к Неве и связана с Невским проспектом. На Дворцовой площади проводятся праздничные гулянья и концерты. Летом, в пору белых ночей, на Неве проходит праздник выпускников «Алые паруса».

В любое время года здесь много туристов из всех стран мира. Дворцовая площадь привлекает гостей нашего города своим простором и красотой.

ЗАКЛЮЧЕНИЕ

Дорогой друг! Ты совершил увлекательное путешествие по одному из красивейших городов мира — Санкт-Петербургу. Теперь ты знаешь, что шпиль Петропавловской крепости с ангелом — самый высокий шпиль, Домик Петра I — самый первый дом, Эрмитаж — самый большой музей, Медный всадник — самый знаменитый памятник, Исаакиевский собор — самый главный храм, Александровская колонна — самый высокий памятник.

Санкт-Петербург прекрасен в любое время года. Им можно любоваться и днём, и ночью.

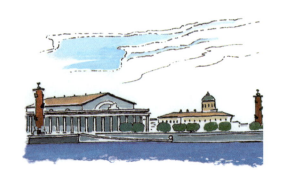

СОДЕРЖАНИЕ

Дорогой друг! ... 5
Пётр I ... 6
Основание Петербурга ... 10
Нева. Наводнения ... 12
Петропавловская крепость ... 14
Домик Петра I ... 26
Адмиралтейство ... 31
Парадиз ... 35
Летний сад ... 40
Стрелка Васильевского острова ... 47
Кунсткамера ... 52
Невский проспект ... 56
Казанский собор ... 60
Дом книги ... 65

Гостиный двор 68
Аничков дворец 70
Александринский театр 73
Исаакиевский собор 77
Медный всадник 81
«Спас на Крови» (Храм Воскресения Христова) 86
Марсово поле 90
Зимний дворец 95
Дворцовая площадь 104
Заключение 108

ГУРЬЕВА Нина Александровна

ДЕТЯМ О САНКТ-ПЕТЕРБУРГЕ
Первое знакомство

Книга для детей «6+»

Редактор *С. Ю. Куликова*
Корректор *С. Ю. Куликова*
Компьютерная верстка *А. С. Андреев*

Формат 84×108 ¹/₁₆. Бумага офсетная. Гарнитура «Букварная».
Печать офсетная. Усл. печ. л. 11,76. Уч.-изд. л. 7,81. Доп. тираж 2500 экз.
Заказ № ВЗК-05607-18.

Издательство «Паритет»:
195009, Санкт-Петербург, ул. Михайлова, 8.
Тел.: (812) 541-81-94, (812) 542-02-57.
E-mail редакции: book-paritet@yandex.ru
E-mail отдела реализации: or-paritet@yandex.ru
www.book-paritet.narod.ru

Отпечатано с готового электронного оригинал-макета
в АО «Первая Образцовая типография», филиал «Дом печати — ВЯТКА»
610033, г. Киров, ул. Московская, 122.

КНИГИ ИЗДАТЕЛЬСТВА «ПАРИТЕТ»
МОЖНО ПРИОБРЕСТИ, ОБРАТИВШИСЬ ПО АДРЕСАМ:

Отдел реализации:
195009, Санкт-Петербург, ул. Михайлова, 8.
Тел.: (812) 541-81-94, (812) 542-02-57.
E-mail: or-paritet@yandex.ru

Редакция:
E-mail: book-paritet@yandex.ru
www.book-paritet.narod.ru

Книги издательства также можно приобрести
в Интернет-магазинах «OZON.RU», «INET-KNIGA.RU»

ИЗДАТЕЛЬСТВО «ПАРИТЕТ»
ПРИГЛАШАЕТ К ВЗАИМОВЫГОДНОМУ СОТРУДНИЧЕСТВУ
АВТОРОВ И ХУДОЖНИКОВ